Apologie
du
Grand Œuvre

Copyright © 2018

Éditions Unicursal Publishers
www.unicursalpub.com

ISBN 978-2-924859-74-2

Première Édition, Litha 2018

Tous droits réservés pour tous les pays.

Dom Belin

Apologie
du
Grand Œuvre

ou

ÉLIXIR DES PHILOSOPHES
DIT VULGAIREMENT
PIERRE PHILOSOPHALE

*où la possibilité de cet Œuvre
est démontrée très clairement*

ET LA PORTE DE LA VRAIE PHILOSOPHIE
NATURELLE EST TOUT À FAIT OUVERTE

DÉDICACE

À Monseigneur Charles de Gorvod,
Archevêque de Besançon,
Prince du Saint-Empire,
Marquis de Marnay, etc.

Monseigneur,

L'ouvrage que je dédie à Votre Grandeur n'a point encore vu le jour parce qu'il se trouve peu de personnes à qui il soit conforme. J'ai été moins de temps à le composer qu'à me déterminer à qui je l'offrirais et il serait encore dans l'obscurité si je n'avais pas l'honneur de vous connaître. L'on a peine à croire qu'il puisse y avoir un Agent général dans la Nature et l'on ne se peut aussi persuader qu'il y ait des hommes universels en leurs acquis. Cependant il m'en fallait trouver un marqué à ce riche coin dans le dessein de dédier cette œuvre. Vous me l'avez favorisé, Monseigneur, en ce rencontre, puisque vous paraissez aux yeux des plus éclairés avec cet avantage. J'ai vu tant de rapport en votre personne avec le sujet que je défends que si j'adressais à d'autres cette Apologie, *l'on me pourrait blâmer d'imprudence et de peu de conduite. Les Sages l'appellent leur Grand Œuvre dont la puissance n'a point de bornes et les effets point de prix. Il agit dans les trois règnes de la Nature d'une façon toute divine puisqu'il en chasse les défauts qu'il rencontre et leur donne les beautés qu'ils n'ont pas. Rien ne me peut empêcher de dire, Monseigneur, que les plus sages vous regardent comme leur miroir et que votre illustre naissance jointe à toutes les belles qualités qui peuvent relever un homme les oblige à croire que vous êtes celui où l'Art et la Nature ont travaillé avec soin et se sont épuisés avec plaisir. Nous connaissons aussi que votre pouvoir et votre autorité n'ont point de limites puisqu'ils s'étendent partout et que, dans les trois ordres qui composent un état parfait, vous pouvez tout entreprendre et tout exécuter. L'Église vous considère et vous suit comme son Flambeau et son Chef, la Noblesse vous honore comme son Ornement et tout le Tiers État vous regarde comme un Protecteur. Et nous pouvons penser que comme notre Grand Œuvre produit l'Or au règne métallique, fait croître les fleurs et les fruits au végétal, rétablit et conserve la santé parmi les hommes, vous faites naître de l'amour dans le Tiers État par votre douceur, vous animez les cœurs des Nobles par votre générosité et vous maintenez heureusement l'Église dans son lustre par votre prudence. Si l'on vous a vu plusieurs fois présider aux États de votre Province, ce n'a pas été par un choix, mais par votre mérite. Et si le désir de l'honneur naturel à tous n'a pu ébranler personne pour lui faire concourir avec vous dans les occasions de reconnaître votre vertu c'est un hommage que tous les hommes lui doivent et un aveu public que tout ce que la Province a de plus beau et de plus glorieux ne peut dignement couronner que votre chef et que tout le monde est persuadé que l'on vous doit déférer avec raison et s'estimer au-dessous de vous avec justice. Vous avez donc, Monseigneur, en votre agir et en vous-même, beaucoup de rapport avec notre ouvrage et l'on ne me peut blâmer de la liberté que je prends de vous en adresser la défense. Plutôt j'ai sujet de croire que si toute une Province a rendu un témoignage public à vos qualités éminentes, chacun me voudra du bien d'en laisser une marque éternelle dans mes écrits. J'admire mon bonheur en cette occasion puisque, vous pensant seulement donner quelques légères preuves de mes respects, je fais du bien au public et me procure de la gloire. J'oblige toute une Province, la faisant paraître juste et vertueuse par le récit de l'honneur qu'elle vous rend ; je me procure de la gloire et de l'amour, publiant les vérités qui lui agréent le plus. Mais ce qui m'est le plus glorieux, c'est que je fais connaître à toute la terre que je suis avec respect, Monseigneur,*

*De Votre Grandeur et Seigneurie illustrissime,
Le très humble et très obéissant serviteur,*

DOM BELIN, Abbé, etc.

AVANT-PROPOS

Puisque l'ignorance et le mensonge combattent plus fortement que jamais les belles vérités, qu'on ne s'étonne pas si mon zèle s'allume davantage pour leur défense. C'est un sort donné à la Nature d'être persécutée en ses plus beaux ouvrages, et à l'Art d'être blâmé en ses plus riches entreprises.

Il semble que le temps qui termine les maux les plus invétérés, au lieu de le lever lui donne tous les jours de nouvelles forces, et qu'augmentant le nombre des ignorants il accroît aussi les rigueurs de ses effets pernicieux.

Le Grand Œuvre des Sages tient le premier rang entre les belles choses ; la Nature sans l'Art ne le peut achever, l'Art sans la Nature ne l'ose entreprendre, et c'est un chef d'œuvre qui borne la puissance des deux. Ses effets sont si miraculeux que la santé qu'il procure et conserve aux vivants, la perfection qu'il donne à tous les composés de la Nature et les grandes richesses qu'il produit d'une façon toute divine ne sont pas ses plus hautes merveilles. Si Dieu l'a fait le plus parfait agent de la Nature, l'on peut dire sans crainte qu'il a reçu le même pouvoir du Ciel pour la morale. S'il purifie les corps, il éclaire les esprits ; s'il porte les mixtes au plus haut point de leur perfection, il peut élever nos entendements jusques aux plus hautes connaissances, d'où vient que plusieurs Philosophes ont reconnu en cet ouvrage un symbole accompli des plus adorables mystères de la Religion : il est le Sauveur du grand monde, puisqu'il purge toutes choses des taches originelles et répare par sa vertu le désordre de leur tempérament, et en cela il représente Jésus-Christ. Il subsiste dans un parfait ternaire de trois principes purs, réellement distincts, et qui ne font qu'une même nature, et en cela il est un beau symbole de la sacrée Triade. Il est originairement l'Esprit universel du monde corporifié dans une terre vierge, étant la première production ou le premier mélange des éléments au premier point de sa naissance, pour nous marquer et figurer un Verbe humanisé dans les flancs d'une Vierge et revêtu d'une nature corporelle. Il est travaillé dans sa première préparation, il verse son sang, il meurt, il rend son esprit, il est enseveli dans son vaisseau, il ressuscite glorieux, il monte au ciel tout quintessencié pour examiner les saints et les malades, détruisant l'impureté centrale des uns et exaltant les principes des autres, en quoi il nous figure les travaux et tourments du Sauveur, l'effusion de son sang sur la Croix, sa mort, sa sépulture, sa résurrection, son ascension et son second avènement pour juger les vivants et les morts, de sorte que ce n'est pas sans sujet qu'il est appelé par les Sages le Sauveur du grand monde, et la figure de celui de nos âmes. L'on peut justement dire que s'il produit des merveilles dans la Nature, introduisant aux corps une très grande pureté, il fait aussi des miracles dans la morale, éclairant nos esprits des plus hautes lumières. Bien plus, si nous croyons à Raymond Lulle, il a la puissance de chasser les démons qui, ennemis de l'ordre, ne peuvent supporter le merveilleux accord de ses principes et sa parfaite symétrie. Si Dieu a soumis le Démon aux moindres choses corporelles, abaissant justement au-dessous de son rang celui qui s'est voulu insolemment élever au-dessus de lui-même, comme nous remarquons au fiel du poisson de Tobie et en divers simples dont les odeurs chassent les diables, il est probable qu'ils sont soumis au plus noble corps de toute la Nature, où le Ciel et la Terre s'accordent pour renfermer leurs plus riches trésors.

Toutes ces merveilles qui ont charmé le cœur des Sages, ont irrité l'esprit des ignorants qui, ne pouvant relever leurs pensées plus haut que la portée du sens, se sont efforcés de tout temps de faire passer cet Élixir de vie pour quelque docte rêverie, quelque chimère et quelque illusion. Ils ne peuvent comprendre qu'une substance élémentaire puisse guérir toutes sortes de maux et même toutes ces grandes maladies que vulgairement les médecins appellent incurables. Ils ne conçoivent pas que, par l'usage de cette

Médecine universelle, l'on peut conserver une santé entière et prolonger sa vie. Ils ont peine à se persuader que cette Médecine puisse agir sur tous les corps de la Nature d'une façon si étonnante. Ils ne sauraient s'imaginer que les minéraux, les végétaux et toutes sortes d'animaux trouvent dans son usage la délivrance des maux qui les abaissent et la possession des biens qui les relèvent, que le Plomb, l'Étain et autres grossiers métaux puissent devenir Or, un fruit amer puisse être rendu doux, un cristal frangible puisse acquérir la dureté du diamant, un ladre, podagre ou paralytique puisse reprendre ses premières vigueurs, et leur faiblesse fait qu'ils accusent les Sages d'impostures, les Philosophes d'erreurs, pour avoir dit publiquement que ce remède universel, ce baume catholique et Élixir de vie, non seulement était possible, mais qu'eux-mêmes l'avaient fait et avaient reconnu par expérience tous les effets qu'on lui attribue.

Cette ignorance déplorable a pris si fortement racine dans nos jours, que les plus grandes lumières ne sont point trop éclatantes pour la dissiper. Et comme il y a longtemps qu'elle a pris naissance dans le monde, ses ténèbres en sont plus épaisses. Elle a grossi comme les ruisseaux à mesure qu'ils sont plus éloignés de leurs sources, et je puis dire qu'elle est arrivée à un point que le dessein d'en purger les esprits de notre siècle pourrait passer pour une espèce de témérité et de présomption.

Néanmoins, la vérité et la réalité de l'Élixir Philosophal me paraissent si évidentes que j'aime mieux m'exposer à la censure des ignorants que de me taire. Si j'attire par ce dessein sur moi une troupe d'injustes et insensés persécuteurs, j'espère engager les plus savants à ma défense, et peut-être ceux qui s'emporteront plus contre moi, à la face de cette Apologie, se rendront un jour par la force de ses raisonnements.

Et si dans le commencement de sa lecture ils me regardent comme un anathème, à la fin ils me traiteront comme un ami de la Philosophie. Ainsi j'aurai l'honneur d'avoir ouvert la porte à un ouvrage si riche et si avantageux, et de telle manière que ceux qui, plongés dans l'erreur n'ont travaillé jusques à présent que par un désir aveugle et sans un raisonnable fondement sur des fausses et éloignées matières, au préjudice de leur temps, de leurs peines et de leurs biens, pourront connaître heureusement la véritable et le sujet d'où il la faut extraire. Du moins j'aurai le plaisir d'avoir travaillé pour le bien du public, combattu le mensonge et pris parti pour la vérité. Ce sont les principales raisons qui m'engagent à cette entreprise et qui m'obligent à faire voir à tout le monde, au grand mépris des ignorants, que l'Élixir des Philosophes est un ouvrage possible à la Nature, pourvu qu'elle soit aidée et secourue par l'Art, et ce sera l'effet de mes suivants raisonnements.

[PREMIÈRE PARTIE

ARGUMENTS APOLOGÉTIQUES [1]]

---

1   Les titres indiqués entre crochets ne figurent pas dans le manuscrit original. Ils ont été ajoutés afin de faciliter la compréhension des arguments présentés par l'auteur. (NdE).

I

[LES QUATRE ÉLÉMENTS]

Et afin de procéder clairement et méthodiquement, il est à supposer premièrement comme très véritable que toutes les choses sublunaires sont simples ou composées. Les simples sont celles qui composent les mixtes; les composées sont celles qui procèdent du mélange des simples. Les simples sont celles qui ne contiennent qu'une qualité prédominante des quatre radicales; les composées sont celles qui sont mélangées de ces quatre premières. Ces substances simples s'appellent Éléments, parce qu'elles sont les principes premiers dont tout le reste est composé. Et, en effet, nous connaissons que tous les mixtes seulement sont composés du chaud, du froid, du sec et de l'humide, d'où vient que ces quatre Éléments se trouvant opposés et agissant à raison de leur contrariété les uns contre les autres, s'altèrent doublement, et par rémission et par intention, et par cette double altération changent le premier et vrai tempérament nécessaire à la durée de chaque chose et en font un autre propre à produire un nouveau mixte. Aussi nous remarquons que les êtres qui n'ont point de contraires sont immortels et non sujets à la corruption pourvu que, d'ailleurs, il n'y ait point d'autre cause qui les puisse détruire, comme il arriverait en l'âme raisonnable si elle n'était pas capable d'agir hors de son corps. Je veux dire qu'en ce cas elle serait mortelle bien qu'elle n'ait aucun contraire, parce que l'être n'étant que pour l'action, il ne peut subsister dans l'état de ne pouvoir agir.

Je ne dis pas pourtant que les quatre premières qualités soient contraires dans toute leur étendue, puisque partout elles s'accordent pour composer tous les tempéraments. Je veux seulement dire qu'elles ne se combattent qu'en un certain degré sous lequel nous devons toutefois admettre une certaine latitude, le tempérament ne consistant pas dans un indivisible. Mais lorsqu'elles sortent de cette latitude, elles détruisent suffisamment le tempérament qui conserve le mixte et en composent un autre. Et de là vient cette corruption générale que nous voyons dans tous les composés de cette basse région.

II

[LES TROIS PRINCIPES]

Il est certain, en second lieu, que tous les composés de ces quatre Éléments se réduisent en trois Principes, à savoir, en Soufre, Sel et en Mercure qui, selon leurs divers mélanges, composent toutes les choses sublunaires, quoique infinies en nombre, en propriétés et en vertus. C'est un beau sujet de méditation et un digne motif d'admirer l'Auteur de la Nature, de voir que cette grande variété de fleurs, de feuilles et de fruits, de pierreries et de métaux, cette diversité d'espèces parmi les animaux ne provient que du divers mélange de trois choses. Cette vérité paraît très évidente, puisque dans la résolution de tous les composés nous y voyons ces trois choses et rien de plus. Nous y voyons une partie terrestre, une aqueuse et une sulfurée. Nous y voyons un corps, une âme et un esprit et dans ce ternaire nous y voyons pareillement le quaternaire des quatre qualités et éléments. Le corps est composé de terre et d'eau, et nous l'appelons Mercure ; l'âme est composée d'air et de feu, et nous l'appelons Soufre. Le Sel est comme la matière, le Soufre comme la forme, et le Mercure le moyen unifiant, car, comme le corps et l'âme participent des qualités trop éloignées et opposées, le Mercure qui participe des qualités de l'âme et du corps sert de médiateur ; et comme il est eau et air, et qu'en tant qu'il est eau il participe du corps, et en tant qu'il est air il approche de l'âme, de là vient qu'il fait la liaison du Sel avec le Soufre, du corps avec l'âme. Et il est vrai que selon le mélange de ces trois choses, de ce Sel, de ce Soufre et de ce Mercure, l'un sur l'autre et l'un avec l'autre, procède cette admirable diversité de toutes choses. Et afin de ne rien oublier, je vous dirai que ce mélange se fait en trois façons, suivant les trois actions différentes qui se rencontrent entre les Éléments, savoir : l'action du feu sur l'air, de l'air sur l'eau et de l'eau sur la terre qui, comme la base et le principe purement passif, ne peut agir et n'agit point. L'action du feu sur l'air fait le Soufre, l'action de l'air sur l'eau fait le Mercure et l'action de l'eau sur la terre fait le Sel. Et parce qu'il n'y a que ces trois sortes d'actions entre les Éléments, il n'y peut avoir que ces trois choses dans tous les composés de la nature inférieure.

C'est pour cela aussi que nous voyons que tous les mixtes d'ici-bas ne se conservent, nourrissent et entretiennent que par ces trois Principes, d'autant que chaque chose est nourrie, entretenue et conservée par les mêmes Principes dont elle est composée. Il semble aux yeux des ignorants que tous les mixtes se nourrissent de mille choses différentes, mais non aux yeux des Philosophes qui ne reconnaissent qu'un seul aliment pour tous les mixtes d'ici-bas. Comme ils sont composés de Sel, de Soufre et de Mercure, ils ne se nourrissent que de Sel, de Soufre et de Mercure ; et bien que ces trois choses paraissent tant diversifiées, c'est que la Nature mignarde ses ouvrages et les revêt diversement pour contenter les différents tempéraments de toutes choses. Elle fait comme un habile cuisinier qui d'une même chose fait des ragoûts tous différents et prépare les mêmes aliments de mille différentes manières. Toutes ces différentes espèces qui nous étonnent par leur diversité ne sont qu'une même chose diversement assaisonnée et mélangée. Les minéraux, les végétaux et animaux paraissent se conserver et se nourrir diversement ; ils n'ont toutefois tous qu'un même aliment composé de Soufre, de Sel et de Mercure. La même chose qui conserve fait croître et élève les plantes, conserve et nourrit les métaux, les minéraux et animaux, et cet aliment commun est le baume de la Nature, composé de ces trois choses qui font tout, conservent tout et se trouvent partout. Il est attiré dans nos jardins par nos simples, dans nos parterres par nos fleurs, dans nos montagnes et cavernes par nos minières, et, parmi les animaux, par les estomacs. Il se fait plante dans les jardins, fleur dans les parterres, métal dans les minières et animal dans notre corps. Les plantes et les minéraux le sucent dans la terre immédiatement et les animaux le sucent par l'entremise des plantes et des animaux mêmes ; comme les natures minérale et végétale ne sont pas si parfaites que l'animale et sensitive, elles le sucent sans préparation et moins déterminé ; mais parce que les animaux sont plus parfaits et exercent les opérations des sens, ils le sucent plus préparé, plus poussé et plus conforme à leur tempérament ; mais c'est toujours le même baume préparé diversement qui les nourrit et les conserve chacun à leur mode et suivant leur constitution ; et, bien que souvent il soit enveloppé de crasse, d'impuretés, d'ordures, la vertu et chaleur naturelle de chaque chose ne laisse pas de l'attirer à soi quand elle est assez forte et sépare d'une façon toute miraculeuse toutes ces hétérogènes et étrangères enveloppes : d'où vient que nous voyons par expérience que les animaux jettent autant d'excréments en apparence qu'ils ont pris d'aliments. C'est qu'ils ne retiennent que ce baume qui est en chaque chose et qui est en très petite quantité. Ce reste n'est qu'un déguisement, une boîte ou, si vous voulez, une prison où il est enfermé. Cet aliment universel nous était figuré par la Manne qui contenait toutes sortes de saveurs et qui s'accommodait au goût de tous ces peuples au désert. Nous remarquons aussi que les terres qui n'ont point de ce baume, que le vulgaire appelle Sel, sont stériles et ne rapportent rien et que tout meurt à mesure qu'il manque de ce baume. Si donc tout est conservé par ce baume fait de Sel, de Soufre et de Mercure et si nous découvrons ces trois choses, et rien de plus, dans les résolutions de tous les composés, c'est une marque très évidente que tout est fait et composé de ces trois choses.

III

[LA MATRICE ET LE VAISSEAU UNIVERSEL DE LA NATURE]

Puisque tout est composé de ces trois Principes, Soufre, Sel et Mercure, suivant, comme nous avons dit, les trois actions diverses des Éléments, il faut nécessairement qu'il y ait un composé général de ces trois choses qui en procède immédiatement, parce que aussitôt que les Éléments agissent les uns sur les autres, ils n'agissent pas pour porter d'abord leur mélange dans le dernier degré où la Nature peut atteindre; d'autant qu'agissant sagement en tout ce qu'elle fait elle marche pas à pas et elle avance de degré en degré; jamais elle ne saute en ses ouvrages, elle passe toujours par le milieu, et cela s'observe et se remarque en toutes les opérations qu'elle produit dans ses trois règnes; son intention est bien d'aller au plus parfait, mais non sans passer par les milieux qui l'y conduisent. Quand elle travaille dans les minières, elle ne prétend pas faire du Plomb, de l'Étain, du Mercure, du Fer, du Cuivre, ni même de l'Argent, mais seulement de l'Or. Mais comme elle est toujours sage et suit les mouvements de son auteur, elle n'entend pas faire de l'Or d'abord et dans son premier pas ; et, travaillant dans le règne des plantes, elle veut faire des simples et des arbres parfaits, mais non pas en un jour ; parmi les animaux elle prétend former, élever et organiser un corps avec toute la beauté qu'elle peut, mais non sans faire plusieurs différentes démarches. Et comme, travaillant dans un règne particulier et déterminé, elle va pas à pas, aussi auparavant que de passer dans le particulier, elle commence par le général et par la première action de ses Éléments ; elle fait un mixte universel et général qui se rencontre par toute la terre, cet élément étant la matrice et le vaisseau universel de la Nature et, de ce mixte général, tous les autres sont composés ; c'est de lui qu'ils prennent leur naissance, c'est par lui qu'ils s'élèvent, qu'ils s'entretiennent, qu'ils se conservent et se nourrissent ; il forme et enrichit les minéraux et les métaux ; il compose et fait croître les plantes ; il fait et il nourrit les animaux. C'est ce premier ouvrage des Éléments estimés par les Sages plus que tout l'Or du monde ; c'est ce sujet vil et précieux ; c'est cette matière qui n'est pas la première, mais quasi la première ; c'est cette pâte qui fait tous les pains cuits de la Nature ; c'est cet Or des Philosophes, c'est la semence de l'Or, c'est cette pierre minérale, végétale et animale et qui pourtant n'est minérale, végétale ni animale ; c'est ce Mercure qui comprend tout ce que cherchent les Sages, c'est cette eau qui ne mouille pas les mains ; c'est ce Prothée qui se revêt de toutes les couleurs ; c'est ce poison et c'est cet antidote, c'est ce feu de nature, c'est ce bain du Roi et de la Reine, c'est ce fils du Soleil et de la Lune, c'est l'Androgée des Sages, c'est cette Vénus hermaphrodite qui contient les deux sexes, le mâle et la femelle, le froid, le sec, l'humide et le chaud, en un mot c'est la matière et le sujet des Sages.

IV

[LE TRAVAIL DE LA NATURE]

Mais la Nature a ses limites et ses bornes en toutes ses opérations, tant à raison des impuretés, des taches et des ordures qu'elle ne peut séparer dans sa composition et premier mélange des Éléments en ses Principes, que pour l'indisposition de la matière ou du lieu où elle travaille pour faire son mélange et pour le défaut de la chaleur nécessaire à réitérer et pousser plus avant ses mêmes opérations. De là vient que son premier composé général est impur et moins élevé et par conséquent ses Principes restent généraux. Ce Soufre général, ce Mercure général et ce Sel général dont tous les mixtes particuliers sont composés participent de la même impureté et imperfection de leur naissance. C'est une tache ou un péché originel qu'ils tirent de leur source, c'est une souillure qui vient du père et de la mère et qui est communiquée à tous les mixtes particuliers par voie de génération. Les crasses, les fèces, les terres tréités, sulfuréités, les phlegmes et autres impuretés semblables, que nous voyons aux métaux imparfaits, sont des effets de ce péché. L'âpreté, l'aigreur, la crudité, les indigestions, l'immaturité et autres pareils défauts qui se remarquent aux végétaux sont des ruisseaux de cette source. Les maladies et les infirmités que les animaux souffrent sont des marques de ce venin et il n'y a rien dans toute la nature sublunaire qui n'ait été conçu et engendré avec ce péché et cette tache originelle. L'Or même qui est le plus parfait composé d'ici-bas n'a point été conçu sans cette tache et la conception des plus purs n'a point été immaculée. Il est vrai que son Sel, son Soufre et son Mercure sont les plus épurés. Toutefois ils ne sont point exempts de certaines taches centrales, moins grossières que celles qui se rencontrent dans les autres métaux, comme il paraît par leurs dissolutions. De plus, il n'est pas tant élevé qu'il pourrait être, n'ayant dans le mélange et constitution de ses trois Principes que le poids, la teinture et la fixation qui lui sont nécessaires et n'en pouvant communiquer aux autres. Et nous remarquons que tous les mélanges qui se font des autres métaux et minéraux avec l'Or, quoique purifiés par leurs ciments et autres procédés, ne sont pas des augments de cet Or, mais qu'après tous ces travaux on trouve toujours l'Or au même état qu'il était auparavant et les métaux que l'on a mélangés nullement exaltés. Nous voyons aussi que la nature demeure des centaines d'années à faire le plus beau et le plus riche de ses mixtes ou composés élémentaires. C'est à raison de ses impuretés originaires qui amortissent la force et la vigueur des actions de la Nature, que celle-ci, manquant de chaleur nécessaire pour porter et pousser ses digestions au point qu'elle voudrait, est contrainte de continuer le même travail pour faire en un long temps ce qu'elle ferait en peu par des opérations plus fortes et vigoureuses.

V

[LE TRAVAIL DE L'ART]

Or si ce mixte général, impur dans sa naissance et qui infecte tous les mixtes particuliers de son premier venin, étant leur fondement, leur nourriture et aliment, était exempt de ses impuretés et taches originelles et si le mélange des Principes qui sont sa composition était exalté en eux-mêmes et rendu plus parfait, il est certain qu'il aurait le pouvoir d'exalter, élever et perfectionner; car si, dans sa faiblesse et dans son mélange imparfait, il fait, il nourrit, il élève et conserve tant de belles et diverses espèces au règne minéral, végétal et animal, que ne ferait-il pas si son mélange était pur et parfait? Sans doute il produirait des mixtes beaucoup plus beaux, il les nourrirait plus abondamment, les conserverait plus fortement et les élèverait plus hautement.

Mais il est vrai, et personne n'en peut jamais douter, que l'Art, se joignant à la Nature, peut donner cette perfection et cette pureté en supplément à tous les défauts de la Nature. Ce qu'il peut faire et fait premièrement quand il sépare les taches et les ordures des trois Principes généraux, leur fournissant une matière, un lieu ou un vaisseau plus convenable que n'est celui où la Nature opère, qui est rempli de crasses et de mille sortes d'immondices. Secondement, en administrant un feu plus proportionné, plus fort et qu'il manie plus à son gré et comme il veut, pour réitérer avantageusement et avec surcroît les mêmes opérations que la Nature pratique en ses ouvrages et son mélange qui sont digestion, évaporation et distillation, purifiant les trois Principes en rejetant les crasses et les parties plus grossières du Sel, les aquosités superflues du Mercure et les parties adustibles[2] du Soufre. L'Art perfectionne le Sel, le Soufre et le Mercure en digérant, évaporant et distillant

---

2   Qui peuvent être brûlées.

plus fortement et plus souvent que ne peut la Nature, qui, sans l'aide et le secours de l'Art est défectueuse et n'a pas assez de chaleur pour bien faire et ainsi pousser et réitérer ses opérations.

VI

[LA MÉDECINE UNIVERSELLE ET L'ÉLIXIR DES PHILOSOPHES]

Si l'Art et la Nature, ou plutôt si la Nature aidée de l'Art peut faire le mixte général très parfait, il est indubitable qu'étant appliqué aux mixtes particuliers, impurs et imparfaits, l'Art les perfectionnera et portera leurs Principes dans leur dernière pureté. Étant joint avec les métaux imparfaits, il en fera de l'Or qui est le terme de la Nature au genre minéral. Pareillement, il rendra les végétaux capables de produire promptement les meilleurs fruits dans leur espèce et guérira les animaux de toutes les maladies et sera la panacée, la Médecine universelle à tous les mixtes et composés de la Nature, parce que le bien, par inclination essentielle envers ce qui lui est semblable et proportionné, s'y joint et s'y attache et partant, le très grand bien qui est dans ce mixte parfait, rencontrant dans les mixtes particuliers quelque chose de bon, il l'embrasse et s'y unit étroitement; et ainsi en s'unissant avec lui, il l'accroît et l'augmente; et, par raison contraire, ayant une aversion essentielle beaucoup plus forte contre le mal, il rejette tout le mal qu'il rencontre dans les mixtes et, par conséquent, il purifie, il perfectionne, il exalte, il conserve, il guérit tous les sujets où il est appliqué suffisamment et comme il faut.

C'est sur ces fondements que se sont appuyés tous les Philosophes quand ils ont attribué tant de merveille à leur Élixir, quand ils ont dit qu'étant appliqué à l'Or il exaltait sa teinture et sa fixation avec exubérance, en sorte qu'il en pouvait communiquer abondamment aux métaux imparfaits; qu'en en jetant un grain ou environ dans de l'eau et en arrosant toutes sortes de plantes, il les faisait produire en peu de temps leurs meilleurs fruits et même au plus fort de l'hiver; qu'étant bu dans les liqueurs convenables aux maladies du corps humain, il guérissait très promptement, rompait le calcul, nettoyait la lèpre, apaisait les gouttes, purifiait le sang, confortait la chaleur naturelle, réparait l'humide radical, chassait l'intempérie et, en un mot, donnait la santé, la force et toute la vigueur que l'animal pourrait avoir ; qu'étant joint au verre, il le rendait très malléable ; au cristal, qu'il en faisait un diamant ; au teint, qu'il l'embellissait merveilleusement ; aux pierreries, qu'il augmentait leur dureté, leur brillant, leur couleur, leur beauté et leur prix.

Ce n'est pas aussi sans raison qu'ils ont dit que cet Élixir se pouvait multiplier en quantité et en vertu jusques à l'infini, puisque tant plus qu'il se fait de digestions d'un sujet, de distillations et d'évaporations, tant plus il se dépure et il s'exalte ; et l'Art peut répéter ces trois opérations autant qu'il veut ; il peut aussi administrer plusieurs fois les Principes qui le composent et qui, partant, le multiplient.

C'est sur ces mêmes fondements que je m'appuie pour fermer la bouche à nos ignorants présomptueux qui osent entrer en compromis avec les Sages du temps et de l'Antiquité et pensent triompher de la vérité par des raisons frivoles qu'ils opposent aux principes inébranlables et assurés de la Philosophie. Qu'ils ne se mettent pas de nouveau en colère si j'appelle frivoles et légères leurs plus fortes objections. C'est le plus doux épithète que je leur puis donner et, afin de le faire avouer à eux-mêmes et les confondre davantage, bien qu'elles ne soient pas dignes d'arrêter nos esprits et ne méritent point de réponse, examinons-les toutes en détail et en particulier, et faisons leur honneur d'y répondre à leur confusion, à l'avantage de la vérité qui, ne pouvant être vaincue, éclate d'autant plus qu'elle est persécutée et traversée, et que les armes dont on se sert pour la combattre sont faibles contre son bouclier.

[DEUXIÈME PARTIE

RÉPONSES AUX OBJECTIONS]

PREMIÈRE OBJECTION [3]

Le premier trait de l'ignorance en ce rencontre est de dire que, depuis la naissance du monde jusques à nos jours, nous ne trouvons pas que personne ait accompli cet Œuvre et que, par cette raison, nous devons croire que l'entreprise en est vaine et le succès impossible. Je laisse à juger à tout le monde si cette première objection n'est pas tout à fait ridicule, et si c'est raisonner en habile homme de conclure à l'impossible par la négation d'un fait. Celui qui dirait que Dieu ne peut créer de nouvelles créatures s'il voulait parce qu'il ne les a pas encore créées, que le Roi ne peut faire des armées de cent mille hommes parce

---

3   Ces mots et les divisions suivantes se trouvent dans le texte original.

qu'il n'en a point encore levé de si nombreuses, passerait-il pas justement pour dénué de sens ? C'est une maxime dans la Logique que la conséquence est vicieuse, qui infère, par la privation de l'acte, un défaut de puissance. Ainsi, quand il serait vrai que personne n'a jamais fait le Grand Œuvre des Sages, l'on ne pourrait pas en inférer que le succès est impossible.

Mais tant s'en faut que nous devions accorder que cet Œuvre n'a pas été fait ; plutôt nous devons et pouvons croire raisonnablement que plusieurs Philosophes favorisés de la grâce du Ciel l'ont vu, l'ont manié, l'ont accompli et s'en sont heureusement servi. Autrement, il faudrait révoquer en doute les écrits de plusieurs grands personnages qui l'assurent avec serment. Si le rapport de deux ou trois témoins, pris même du commun du peuple, fait foi parmi les hommes, si celui d'un homme d'honneur et de mérite rend une créance raisonnable, à plus forte raison le rapport de plus de cent grands hommes illustres en piété, en vertu, en science, fait un témoignage très probable que cet ouvrage a été fait, et nous devons beaucoup plus à leur autorité qu'à l'imagination d'un insensé vulgaire qui fait des sens l'arbitre de toutes les créances. Le grand Hermès, appelé Mercure Trismégiste, qui a eu toute la connaissance de la Nature, qui même s'est élevé jusques à découvrir quelques rayons du mystère ineffable de la sacrée Triade, Pythagore, Socrate, Platon, Aristote, Salomon, Calid, roi des Égyptiens, Geber, roi des Arabes, Morienus Romain entre les Anciens, Arthéphius, Sinesius, Raymond Lulle, Arnaud de Villeneuve, Bernard, comte de Trevisan, Roger Bacon, Basile Valentin et tant d'autres personnages marqués au meilleur coin de tous les siècles, qui assurent tous non seulement que cet œuvre est possible, mais qu'ils l'ont achevé et parfait, et qui en ont usé pour leur santé, ont vécu plus longtemps que le commun des hommes et en ont assisté leur prochain, sont-ils pas plus croyables que les plus renforcées troupes des ignorants ? Certes, un témoignage de cette nature est trop fort pour émousser ce premier trait et faire connaître à tout le monde que l'antécédent et la conséquence de leur première objection se détruisent par une fausseté très évidente.

DEUXIÈME OBJECTION

Si ce Grand Œuvre de chimie était possible, qui promet une santé entière et une grande abondance de richesses, ceux qui s'adonnent avec passion à cette science devraient être les plus riches et les plus sains du monde. Nous voyons cependant qu'ordinairement ils sont les plus infirmes et les plus pauvres. À n'en point mentir, promettre de guérir les gouttes, la lèpre, l'hydropisie, la paralysie et autres maladies qu'on appelle incurables et être podagre, lépreux, paralytique, graveleux et hydropique, promettre des montagnes d'or et n'avoir pas le sol, être tout nu et couvert de poux, c'est s'exposer à la risée de tout le monde et passer pour ridicule dans ses propositions, fourbe dans ses promesses et commettre à la censure du public cet Art de faire de l'Or et de guérir.

À n'en point mentir, si ceux qui travaillent à ce chef-d'œuvre de chimie, avec un heureux succès, étaient les plus infirmes et les plus pauvres cette seconde objection passerait dans mon esprit pour invincible. Mais de dire que l'art de guérir et de faire de l'Or soit chimérique parce que mille sortes de canailles, prétendant en acquérir la théorie et la pratique, s'occupent toute leur vie à chercher les moyens de ce faire par des voies tout à fait éloignées, soufflent jour et nuit, suent sans repos après leur teinture, leur fixation de Lune et de Mercure, leur extraction du Mercure, de Saturne et d'Antimoine, leur circulation, leur essence, leur poudre et amalgame de matières diverses et étrangères et qui pourtant mangent et dissipent leur bien et celui de leurs amis qu'ils abusent par mille vaines espérances et que Dieu permet être trompés en châtiment de leur ambition et ensuite, remplis de fumées mercurielles et arsenicales, de leurs matières ou de leurs charbons, deviennent goutteux, podagres et envenimés de maladies chroniques, ce serait un très mauvais raisonnement. Et puis, il est certain que ceux qui travaillent avec succès vivent cachés et inconnus et que ceux qui travaillent vainement se produisent partout. La prudence accompagne inséparablement les savants qui possèdent ce don de Dieu, et la vanité et l'ostentation sont attachées à ceux qui cherchent et qui ne trouvent que de la fumée. Ceux-ci sont toujours pauvres et infirmes, mais les autres jouissent avec plaisir et richement du fruit de leurs travaux. Ne dites donc pas que ceux qui s'adonnent à cette divine science sont pauvres et infirmes ; dites seulement que ceux qui s'y adonnent vainement vivent dans la pauvreté et dans la langueur et meurent souvent dans le mépris et l'infamie, car pour ceux qui s'y exercent savamment et sagement, puisque la prudence les tient clos et couverts, vous ne les connaissez pas et n'en sauriez porter un entier jugement ; et si vous étiez assez heureux de les connaître, vous remarqueriez une prudence dans leur agir, une charité en leurs actions, une probité en leurs mœurs, une modestie en leur port, une retenue en leurs paroles et toutes les marques d'une bonne santé en leur visage.

TROISIÈME OBJECTION

Mais vous direz encore que ce ne sont pas seulement ceux que j'appelle canailles qui travaillent vainement en cet œuvre ; que tous les siècles en ont vu qui passaient pour des savants et des grands hommes, et qui, après avoir passé des trente et quarante années à la recherche de ce grand Élixir, n'ont rien trouvé de vrai et de réel et ont confessé hautement que c'était une présomption de l'entreprendre, une vanité de l'espérer et une folie d'y employer beaucoup de temps. Que si tant d'hommes de mérite qui ont eu les approbations publiques et qui, avec la pointe de leur esprit, pénétraient les plus cachées et plus sublimes vérités se sont épuisés dans cette recherche et n'en ont rapporté qu'un très sensible déplaisir d'y avoir perdu leur temps et leur huile, est-ce pas une très forte conjecture pour révoquer en doute la possibilité de l'art ?

Il n'est pas difficile de répondre à ce point. Premièrement, c'est une question si plusieurs grands personnages savants en la Philosophie y ont travaillé vainement. Je mets en fait que, si l'on est vraiment savant, l'on travaille en secret, et qu'il n'y a que les ignorants qui font gloire de publier leurs travaux, d'étaler de grands laboratoires pour leurrer et attraper les plus forts entre les curieux et, par conséquent, qu'on ne peut savoir bien aisément si plusieurs savants hommes ont travaillé sans réussir. Mais supposons, en effet, que tous les siècles en ont vu qui, avec de très grandes lumières, ont rencontré en cet ouvrage une pierre d'achoppement plutôt qu'un Élixir de vie, que pouvez-vous tirer de là sinon que tous ceux qui travaillent ne réussissent pas, et je l'accorde volontiers. Mais si par là vous pensez faire croire que l'Art n'est pas possible, vous méritez que l'on se rie de vous. Celui qui dirait : mille personnes et même des plus expertes en l'art de naviguer ont entrepris le voyage de l'Amérique sans jamais y pouvoir arriver, donc ce voyage est impossible, le renverrait-on pas aux premiers rudiments de la Logique ?

Les plus grands esprits ne sont pas infaillibles et toutes nos plus grandes lumières sont mélangées d'obscurités et de ténèbres. L'ouvrage des Philosophes est un simple ouvrage de Nature et il se trouve que, la plupart des grands esprits du monde s'éloignent de la simplicité et, étant trop subtils en leurs pensées et en leur agir, s'évanouissent en leurs conceptions et s'égarent du droit sentier de la Nature. Davantage, les esprits des hommes sont bornés. Ils sont éclairés pour de certaines choses et aveugles en d'autres, voire les plus élevés sont idiots dans les moindres sujets. Ils raisonneront merveilleusement, ils se feront admirer en leurs discours dans des matières générales et, s'il faut tant soit peu descendre dans le particulier, ils perdent la tramontane et trouvent tous leurs plus beaux raisonnements défectueux. Par exemple, que l'on fasse un discours sur quelque qualité première, un bon esprit dira des merveilles. Il dira que la qualité du sec est opposée à celle de l'humide, que tant plus une chose est sèche, tant moins elle est facile à se résoudre. Parlant ainsi en général, il persuadera tout ce qu'il dit et s'efforcera de le persuader aux autres. Mais s'il vient à faire l'application de cette théorie, sans doute il deviendra aveugle.

Il verra que la pierre est sèche de sa nature et qu'en effet par cette raison, étant mise dans l'eau, elle ne se résout pas. Mais aussi il verra que la pierre étant calcinée est plus sèche qu'elle n'était auparavant, puisque le feu a emporté le peu d'humide qu'elle avait, et toutefois elle se résout plus facilement calcinée ; et pourtant elle est plus sèche calcinée que ne l'étant pas, et voilà ces belles spéculations renversées : pour vous dire que les plus grands esprits, ou qui passent pour tels à cause de leurs subtilités et beaux discours, sont arrêtés au premier pas quand il leur faut faire des applications de leurs principes. Ainsi tous ceux qui sont estimés pour de grands personnages ou ne le sont pas, en effet, ou leur trop grande subtilité les égare du sentier de la vérité où ils trouvent des bornes et limites dans leurs entreprises. Ainsi ce ne serait pas grande merveille si plusieurs de ces hommes que l'on appelle grands avaient entrepris cet Élixir de vie et n'avaient pas bien réussi, mais ce ne serait pas aussi un raisonnable fondement pour renverser sa possibilité.

QUATRIÈME OBJECTION

D'où vient donc que cette occupation est blâmée de tout le monde et même des plus sages ? D'où vient que d'être fou ou fourbe et chercher la Pierre Philosophale, c'est une même chose au sentiment du public ?

Quand vous me dites que les Sages blâment ceux qui s'occupent à la recherche et à la pratique de cet Œuvre, c'est comme si vous me disiez que les plus vertueux blâment la plus héroïque action de vertu, les plus justes, le plus noble effet de la justice, puisque cet ouvrage est l'un des principaux effets de la Sagesse et c'est pour cela qu'il est appelé le secret des Sages, l'ouvrage des Savants, le Grand Œuvre de l'Art et de la Nature et la Pierre des Philosophes. Si vous disiez que ceux qui passent pour Sages et qui ne le sont pas n'approuvent pas cette occupation, j'en demeurerais d'accord avec vous, mais ce serait un faible motif pour la condamner.

J'avoue pareillement que la plupart du monde la condamne, mais tant s'en faut qu'il faille tirer de là qu'elle est blâmable. Plutôt j'en tire un motif de sa justification puisque, comme dit l'Écriture, le monde est tout rempli de fols, et les fols ne peuvent approuver ce qui procède de la Sagesse.

C'est pour cette raison que les belles choses sont toujours traversées, que les meilleurs desseins ne trouvent point d'appui et que les plus hautes vérités sont méprisées et ne sont point connues. Savons-nous pas que la vérité même, étant descendue du ciel en terre pour se manifester et se faire connaître, n'a rencontré que des persécuteurs quand elle a parlé, pour éclairer l'esprit des humains, des plus hautes et divines doctrines. L'on a demandé des signes, l'on a vu dans les villes des murmures et des soulèvements et il a fallu justifier ces paroles par mille morts, mille martyrs et mille effusions de sang.

Au contraire, un faux prophète n'a pas plutôt paru pour publier ses rêveries et ses mensonges qu'en peu de temps il a infecté et profané toute une terre sainte. L'homme est à présent corrompu universellement en toutes ses puissances et, comme le dérèglement de sa volonté fait qu'il penche du côté du bien ou qu'il préfère les biens apparents aux véritables, ainsi le dérèglement de son entendement le porte à embrasser plutôt le faux que le vrai, à mépriser la vérité et aimer le mensonge : d'où vient que l'approbation publique n'est pas toujours la voix de Dieu et que ce qui est blâmé par la plupart des hommes est souvent glorieux et digne de louange.

Je sais bien que vous ajouterez que ce blâme universel n'est pas sans fondement et que les fourbes et tromperies de ceux qui professent cet Art, les grands inconvénients qui en arrivent tous les jours et qui en sont arrivés de tout temps sont des voix qui crient hautement contre l'Art et contre les Artistes. Mais je vous répondrai aussi que ce fondement est si faible qu'il tombe de lui-même. J'avoue qu'il s'y est glissé de grands abus dans la pratique de cet Art et que plusieurs ignorants, présumant de leurs forces et s'élevant au-dessus de leur portée, se sont de tout temps voulu mêler parmi les Sages, étudier en leurs écoles, s'occuper en la lecture de leurs livres et tenter la pratique de leurs plus grands secrets, mais n'ayant point d'autres guides que leur faible raisonnement, ils ont pris les écrits des Philosophes littéralement, ont employé des années entières, engagé leur temps, leurs biens et leurs amis, sans rien trouver dans leurs vaisseaux que cela même qu'ils y avaient mis dans le commencement, de sorte que, se voyant déçus de leurs espérances, ruinés de fond en comble, endettés partout, comme un abîme en attire un autre ils se jettent dans le précipice, ils altèrent les métaux, ils travaillent après des Sophistiques, ils font de mauvais alliages, ils fabriquent de la fausse monnaie et enfin finissent leurs jours sur la potence ou sur la roue.

Mais s'il fallait condamner toutes les professions où il se glisse des abus, sans doute les plus saintes et légitimes seraient sujettes à la censure. Il faudrait bannir les magistrats puisque nous remarquons dans les plus célèbres sénats des abus insupportables dans l'administration de la justice. Il faudrait ruiner les cloîtres, renverser les temples et abolir les plus saints instituts puisqu'il s'y forme des abus. C'est un mal qui paraît aux yeux de tout le monde que les plus grands abus suivent et accompagnent ordinairement les plus nobles professions. Il ne procède pas toutefois de la nature des emplois et des professions, mais de la malice et de la faiblesse des hommes, qui sont si faciles à se porter dans le désordre que le moindre vent les y fait choir. Si donc nous remarquons des abus, et de très grands abus dans l'Art des Philosophes, c'est plutôt un motif pour l'approuver que pour le condamner. Et, au reste, tout cela ne dit rien contre sa vérité et sa possibilité.

CINQUIÈME OBJECTION

Il n'y a point d'apparence que tous les composés de l'Univers, presque infinis en nombre, qui sont remplis de mille impuretés, sujets à mille sortes de différentes maladies, souillés de mille taches, puissent être guéris, purifiés et nettoyés par un seul remède. Nous remarquons bien en chaque chose des propriétés spécifiques et que chaque simple animal et minéral a des qualités propres pour quelque mal particulier, mais la Médecine n'en a point encore découvert qui contienne les propriétés de tous ensemble. Elle dit bien que la rhubarbe purge la bile, l'agaric, la pituite, que la chicorée est spécifique pour les maladies du foie, la *minium solis* pour le calcul, la pivoine contre l'épilepsie, le rossolis pour le poumon et attribue à tous les particuliers des qualités et des vertus particulières. Comme il appartient proprement au médecin de savoir et juger des remèdes, s'ils n'en ont point reconnu un seul qui soit propre contre toutes les maladies imaginables tant internes qu'externes, est-ce pas une marque évidente qu'il n'y en a point et qu'il n'y en peut avoir et qu'il vaut mieux croire que les vertus de tous les mixtes de l'Univers sont bornées que de s'imaginer que l'on en peut faire un qui les contiendra toutes ?

À la vérité, cette cinquième objection étant fondée sur l'apparence, je ne m'étonne pas si elle n'a rien de vrai que l'apparence. Vous dites qu'il n'y a point d'apparence qu'un remède puisse être universel et général. Et dites-moi pourquoi vous admettrez plutôt un aliment universel qui nourrit tous les sujets de la Nature élémentaire, qui est tout en tout, tout partout et tout avec tout, qui élève le minéral, fait croître les plantes et nourrit l'animal ? Toutes les choses sublunaires vivent-elles pas et se conservent-elles pas par un seul baume de Nature que le vulgaire appelle Sel ?

Si tout le monde voit et connaît évidemment cet aliment universel, pourquoi ne pourrons-nous pas dire qu'il peut y avoir pareillement un remède universel puisqu'il n'y a rien à faire que d'exalter cet aliment et l'élever tellement par les opérations de l'Art, imitant la Nature, que d'aliment il devienne remède, comme nous exaltons le vin et son esprit en sorte qu'il n'est plus une boisson ordinaire, mais un cardiaque souverain ? Ainsi étant, auparavant son exaltation, un aliment universel, il sera après son élévation un remède universel, car comme il n'agit qu'en deux manières, premièrement confortant la Nature, secondement introduisant un parfait tempérament en chaque chose par sa parfaite mixtion d'éléments, son agir et sa vertu doivent être universels, d'autant qu'en agissant de la première manière, je veux dire en confortant la Nature, il la rend vigoureuse et assez forte pour rejeter ce qui lui est contraire de quelle façon que ce puisse être. La nature étant fortifiée, elle combat universellement tous les maux qui l'attaquent et, quand elle est assez forte, elle est toujours victorieuse.

Secondement, en agissant par l'introduction d'un parfait tempérament dans le mixte, il chasse indifféremment toutes les maladies qui corrompent le sujet où il est appliqué parce que les maladies ne consistent que dans l'intempérie et, de ces deux façons d'agir, nous colligeons très clairement une vertu universel-le en ce remède, il est le fils du Soleil et de la Lune, dit le grand Hermès, il retient de la Nature de son père et de sa mère et comme le pouvoir de ces deux causes principales est universel, sa vertu pareillement est générale.

Ne dites donc plus qu'il n'y a point d'apparence qu'un seul remède puisse avoir un pouvoir universel sur toutes les maladies des composés de la Nature, de peur que l'on ne dise qu'il n'y a point d'apparence que vous ayez le sens commun et, si vous n'avez point d'autres raisons, rendez-vous à la force de nos raisonnements.

SIXIÈME OBJECTION

Non, l'ignorance n'est pas encore assez humiliée, elle est vaincue, mais elle n'est pas convaincue. Il lui reste encore un trait qu'elle a gardé pour le dernier comme étant son Achille. Puisque c'est son dernier soupir, donnons-lui le loisir de la voir expirer.

Elle dit enfin, après s'être bien débattue en vain, que s'il y avait une Médecine universelle, partant incorruptible, l'homme se pourrait rendre immortel. Se rendant immortel, il donnerait un démenti à l'Écriture, il contredirait à saint Paul, il appellerait de l'arrêt de mort prononcé contre tous les hommes, ce qui ne peut tomber dans l'esprit d'un homme sage et d'un chrétien. Il se rendrait immortel parce que, tant que le mélange de ses trois principes, de son Soufre, de son Sel et de son Mercure, sera parfait, il ne sera jamais malade, du moins *ab intrinseco*. N'étant point malade, il ne mourra jamais. Or est-il que la Médecine que nous supposons, met et conserve les humeurs et les quatre qualités élémentaires dans un parfait accord ? Elle entretient le parfait mélange, comme nous avons dit, de ses trois Principes : Soufre, Sel et Mercure. Ainsi elle empêche les maladies et, par conséquent, elle rend immortel *ab intrinseco*.

Voilà sans doute le dernier effort de l'ignorance et du mensonge contre la vérité, mais je m'assure qu'elle mourra ici comme la chandelle en donnant quelque petit éclat particulier. Je me persuade que c'est sur ce donjon que nos plus grands ennemis se tiennent forts et pensent remporter la victoire ; mais il les faut désabuser.

Premièrement, quel inconvénient de croire qu'un homme pourrait être immortel par l'usage de quelque remède, si l'Arbre de Vie au Paradis terrestre eût produit cet effet ? Il n'y a pas de répugnance qu'une chose ne puisse rendre un homme immortel, cette immortalité n'étant qu'*ab extrinseco*, comme parle l'École et n'étant pas à proprement parler une immortalité, de sorte que, quand même un homme ne mourrait jamais par l'usage de notre Médecine, il ne laisserait pas d'être mortel *ab intrinseco*, ayant en soi les Éléments qui ont en eux le principe et la racine de la mortalité. Quand un homme ne rirait jamais, il ne laisserait pas pour cela d'être risible, ayant en soi le principe de risibilité. De même, quand un homme ne mourrait jamais, il serait toujours mortel, ayant la forme et le principe de mortalité. L'immortalité *ab extrinseco* n'est pas répugnante à la créature ; autrement, aucune puissance extérieure, non pas même celle de Dieu, ne la pourrait conserver dans l'Éternité et il ne répugne pas pareillement qu'une créature par sa vertu puisse communiquer et produire cette immortalité ; autrement, l'histoire de l'Arbre de Vie ne serait point vraie, ce que nous ne pouvons pas alléguer sans crime. Et sans doute, si cet Arbre de Vie n'était pas une même chose que l'Élixir des Philosophes, c'était du moins quelque chose semblable. C'était un fruit qui devait nécessairement avoir les Éléments parfaitement mélangés puisqu'il devait conserver un parfait tempérament à l'homme. Et rien ne peut conserver naturellement un tempérament de cette sorte que par le moyen de la parfaite mixtion d'Éléments. De là vient qu'il est une Médecine universelle et catholique aux animaux, aux végétaux et aux métaux, car, comme tous les composés de la Nature sublunaire ne sont malades et imparfaits que par intempérie, impureté et indigestion, un parfait tempérament chassant l'impureté, l'intempérie et digérant très fortement, il est certain qu'une substance d'un parfait tempérament appliquée suffisamment et comme il faut doit être une Médecine universelle, souveraine et efficace à tous les sujets auxquels elle est appliquée de la sorte.

Et de là nous pouvons tirer en passant une raison morale : pourquoi ce grand secret est communiqué à si peu de monde et que de cent mille qui le cherchent, pas un ne le trouve, de mille qui en acquièrent la connaissance, à peine deux ou trois réussissent dans la pratique. C'est qu'étant comme un Arbre de Vie en terre et, partant, un des avantages de l'innocence du premier homme, le péché nous en prive ainsi que des autres bonheurs que Dieu avait attachés à cet état de gloire et de beauté. Il n'y a que les âmes choisies et regardées de Dieu d'un œil plus amoureux qui reçoivent cette grâce, qui pénètrent dans ce secret et qui l'achèvent heureusement. Les autres qui n'ont pas l'âme tout à fait épurée ni marquée au coin de la vertu, qui ont l'ambition au cœur, la vanité dans l'esprit, qui ne considèrent ce trésor que comme un moyen d'entretenir leur luxe et leur débauche, de prendre leurs plaisirs déréglés, d'assouvir leurs passions et ne connaissent pas qu'il faut rapporter et rendre à Dieu ce qui vient de lui, sont empêchés et détournés par quelque chose de semblable au Séraphin qui, avec un glaive de feu, est interposé à la garde de l'entrée du Paradis terrestre. En effet, je suis entièrement persuadé que Dieu ne permettra jamais qu'un méchant homme, et mal intentionné, possède ce secret; voire même quand il le posséderait, l'ayant appris ou par un ami ou par des lectures opiniâtres des Philosophes, je crois fermement que jamais il ne le mettra en exécution ou, si Dieu bénit son travail, il n'en aura jamais l'usage. Tenons pour maxime certaine que Dieu ne le révèle qu'à un homme de bien ou afin qu'il devienne homme de bien, car je mets en fait que la connaissance et la possession de ce Grand Œuvre n'est pas un des moindres moyens de la grâce pour redresser un homme, d'autant que, premièrement, ayant la connaissance de cet Œuvre, il connaît toute la Nature qui est, comme dit l'Apôtre, un échelon pour monter plus aisément à la connaissance de Dieu ; secondement, possédant ce secret, tant en effet qu'en théorie, il n'a plus rien à posséder en terre. C'est un trésor qui contient tous les autres puisqu'il donne la santé et les richesses, sources de tous les autres biens que les hommes adorent. Que s'il n'a plus rien à désirer et posséder en terre, comme l'esprit de l'homme ne se trouve pas encore rempli, rien ne le pouvant remplir que Dieu — et un million de mondes ne suffisant pas pour remplir la capacité naturelle de notre âme, voire tant plus qu'elle connaît et possède de créatures, tant moins elle est remplie et tant plus ces mondes qu'elle connaît sont beaux et admirables, tant moins elle est satisfaite, d'autant que la connaissance des effets et des plus beaux effets excite nos désirs pour connaître la cause de tant de beaux effets ; et ainsi la possession de toutes les créatures, au lieu de la remplir et de la contenter, ne fait que d'accroître sa soif, augmenter ses désirs et redoubler ses mouvements. Elle veut aller à la source et ne plus s'arrêter à de petits ruisseaux ; elle veut atteindre ce premier moteur ; elle méprise ses plus beaux effets et la Pierre Philosophale ne lui semble plus rien ; elle veut se joindre à son premier principe. En un mot, elle cherche Dieu seul, Dieu seul la pouvant remplir et contenter, ayant en ce secret tout ce qu'elle peut espérer et désirer en terre. Et, connaissant qu'elle est moins remplie que jamais par la raison que nous venons de dire, elle jette ses yeux du côté du Ciel, de sorte que la possession de ce secret est un grand moyen à un esprit tant soit peu éclairé pour être saint et devenir homme de bien. Mais insensiblement cette digression morale me conduirait hors du sujet si je n'y prenais garde. Retournons donc à notre propos et disons que l'Élixir des Philosophes, étant une substance très parfaite qui a en soi une mixtion d'Éléments très parfaite et, partant, étant un second Arbre de Vie non pas produit par la Nature comme le premier, mais par la Nature aidée de l'Art, il peut empêcher que l'homme ne meure, il lui pourrait donner l'immortalité *ab intrinseco*, et qu'en cela il n'y a ni absurdité ni inconvénient et, par conséquent, ce n'est pas une trop forte objection contre la possibilité de l'Art, quand on dit que l'homme se rendrait immortel puisqu'il n'y aurait nul inconvénient d'accorder cette conséquence.

Néanmoins, je ne l'accorde pas. Plutôt il faut dire que bien que notre Élixir ait la puissance de communiquer cette immortalité dont nous avons parlé, étant appliqué suffisamment et sagement, toutefois il ne le fait pas depuis l'arrêt de mort prononcé contre tout le genre humain et signifié à notre premier Père. Dieu a borné non pas son pouvoir, mais l'usage et exercice de son pouvoir, en ne permettant pas que l'Artiste la pousse au plus haut degré de sa perfection, auquel seul degré elle est capable de cet effet, car il y a une latitude dans la perfection du tempérament ; ou bien en n'en permettant pas l'usage aux sujets qui sont tout à fait disposés à cette exaltation, comme serait, par exemple, un jeune homme en l'âge de vingt ans, auquel les trois Principes sont mélangés par la Nature, comme il faut, pour faire un bon tempérament et ne sont pas encore débilités, et l'un n'est pas ni plus fort ni plus faible qu'il faut. En celui-là, notre Élixir ferait des merveilles parce que, trouvant un sujet composé parfaitement en ses Principes, c'est-à-dire qui a tout le Soufre qu'il faut, tout le Mercure et tout le Sel qu'il faut, l'Élixir, exaltant et perfectionnant ces trois Principes conformément au tempérament et au sujet, sans doute il immortaliserait un semblable sujet ; mais n'étant pas administré par la permission de Dieu si opportunément, ni en un sujet, ni en un âge, ni en un temps si convenable, il n'immortalise pas, mais seulement conserve la santé longtemps et prolonge la vie. Par exemple, un homme, soit jeune ou vieil, sera constitué par la Nature dans un certain tempérament que le sec dominera beaucoup, ou le chaud, ou le froid, ou l'humide ; ou il y aura ou peu, ou trop de Soufre, de Sel ou de Mercure et ainsi ne sera pas d'un bon tempérament qui demande une certaine égalité dans le poids de la Nature : comme notre Élixir agit conformément au sujet et à la Nature des choses, les exalte et perfectionne, il exaltera le sec, le chaud, le froid et l'humide de cet homme, son Soufre, son Sel et son Mercure, mais toujours conformément à son tempérament et à sa naturelle constitution. Il purifiera ces trois Principes, mais il n'en changera pas le tempérament ; autrement, dans son application, il pourrait changer les espèces, car, comme le divers mélange de ces trois Principes fait la diversité, si l'Élixir changeait le mélange qui fait un tel composé, il en ferait un autre.

D'où vient qu'ayant tous reçu de la Nature un certain tempérament et une singulière mixtion de nos Éléments, l'Élixir ne fait que les purifier, les exalter et perfectionner, mais ne les change pas. Ainsi il prolongera la vie, mais ne rendra pas immortel, d'autant que, tant que cette mixtion demeure, la source de l'immortalité, n'est point tarie. Ce qui trompe en ce point nos ennemis est qu'ils s'imaginent que l'Élixir donne un parfait tempérament absolument parlant, sans avoir égard au premier tempérament de nos naissances, et cela n'est point vrai : autrement, étant appliqué à la graine d'une fleur, d'une tulipe ou d'une rose, il ferait quelque chose qui ne serait ni tulipe ni rose. Il perfectionne seulement les Principes de la tulipe ou de la rose et donne à cette rose tout le meilleur tempérament qu'elle peut avoir suivant sa naturelle constitution. Il en faut dire le même à l'égard des hommes et des autres composés de la nature sublunaire. Vous voyez donc comme cette objection qui paraissait si forte dans son commencement n'était fondée que sur l'ignorance et le peu de lumière des ennemis de la vérité.

Concluons donc en faveur de la Philosophie et à la confusion de tous ces hiboux qui ne peuvent supporter la clarté des plus beaux jours, et disons que la raison publie et établit la possibilité de l'Élixir Philosophal, que le mensonge travaille en vain pour la détruire.

S'il est possible par la Nature aidée de l'Art qu'on ne blâme plus désormais ces beaux esprits élevés au-dessus du commun et qui ont secoué toute la poussière de l'École, quand on saura qu'ils recherchent curieusement la connaissance de cette divine Science.

Qu'on ne s'efforce plus de décrier ceux qui, déjà illuminés par les rayons de la Sagesse, mettent la main à Œuvre et prennent un innocent plaisir de voir travailler la Nature.

Qu'on leur donne plutôt des éloges et qu'on leur prépare des couronnes, puisqu'ils emploient leur temps pour laisser au public ce que l'Art et la Nature ont de plus précieux.

Qu'on fasse un sage discernement des faux et des vrais Philosophes, pour extirper les uns et honorer les autres ; que l'on déteste les abus qu'ont apportés dans la chimie tous ces malheureux Souffleurs, circulateurs et imposteurs, mais qu'on ne laisse pas d'aimer et d'approuver cet Art tout divin.

Il serait à souhaiter pour le bien du prochain que l'on bannît ces pestes du public, que l'on punît exemplairement ceux qui leur donnent des asiles, que l'on visitât souvent dans les maisons de mille sottement curieux qui, sous prétexte de professer la Médecine qu'ils n'ont jamais apprise et autres professions qui demandent de tenir des fourneaux, des vaisseaux et autres instruments qui peuvent trancher des deux côtés, s'échappent en des commerces pernicieux à tout le monde et, par leur conduite criminelle, procurent aux Sages, qui s'occupent innocemment, des traverses et des persécutions.

L'ouvrage des Sages ne demande pas de si grands laboratoires, tant de sortes d'instruments et de fourneaux ; c'est un simple ouvrage de Nature, ennemi de tant d'inventions, de tant d'artifices et de subtilités. Nos anciens Philosophes qui ont été assez heureux pour en venir à bout ne faisaient pas tant de grimaces et n'apportaient pas tant de cérémonies. Comme ils étaient sages, ils étaient aussi amateurs de la simplicité et ennemis des trop subtils artifices. Si c'était ici de mon dessein de parler de la pratique de cet Œuvre, je ferais connaître à tout le monde qu'elle est très simple et naturelle et qu'il ne faut pas être grand chimique de la manière que l'on est à présent pour le commencer, le continuer et l'achever heureusement. Mais n'ayant entrepris que de le défendre contre ses calomniateurs, je réserverai ce dessein à une autre rencontre. Ne pensez pas pourtant que je me veuille vanter d'en avoir la pratique comme la théorie. Non, je ne vous promets pas de vous la déclarer avec toutes les opérations particulières qui supposent une expérience, mais bien de vous les dire en général et vous faire voir suffisamment par là comme cet Œuvre est simple, naturel et éloigné de tous les ambages qui se rencontrent dans les maisons de nos Souffleurs et trompeurs publics.

Il est vrai qu'il faut être tout à soi et que ce divin emploi requiert un homme tout entier et le possède entièrement. C'est un ouvrage d'ermite, c'est l'occupation d'un solitaire, c'est l'exercice d'un homme qui connaît le monde et lui a dit un dernier adieu. Un autre qui sera engagé dans le monde, embarrassé dans les affaires, engagé dans les négoces, employé au commerce, occupé dans les charges et dans les dignités, ne doit pas l'entreprendre et, s'il l'entreprend, ses travaux seront inutiles et ses espérances vaines. Le plus sûr est d'attendre du Ciel les moyens, les occasions et même les pensées ou inspirations pour y vaquer, car, puisque c'est un don de Dieu qu'il donne à qui bon lui semble, il faut tout espérer de sa bonté, tout attendre de sa grâce et rapporter tout à sa conduite.

TABLE DES CHAPITRES

DÉDICACE 5
AVANT-PROPOS 9

PREMIÈRE PARTIE
ARGUMENTS APOLOGÉTIQUES

I — LES QUATRE ÉLÉMENTS 19
II — LES TROIS PRINCIPES 23
III — LA MATRICE ET LE VAISSEAU UNIVERSEL
   DE LA NATURE 29
IV — LE TRAVAIL DE LA NATURE 33
V — LE TRAVAIL DE L'ART 37
VI — LA MÉDECINE UNIVERSELLE ET
   L'ÉLIXIR DES PHILOSOPHES. 41

DEUXIÈME PARTIE
RÉPONSES AUX OBJECTIONS

PREMIÈRE OBJECTION 47
DEUXIÈME OBJECTION 51
TROISIÈME OBJECTION 55
QUATRIÈME OBJECTION 61
CINQUIÈME OBJECTION. 67
SIXIÈME OBJECTION 71

www.ingramcontent.com/pod-product-compliance
Lightning Source LLC
Chambersburg PA
CBHW060849050426
42453CB00008B/917